Beni Bischof
Texte
3

Beni Bischof
Texte
3

Edition Patrick Frey

Texte / Texts

Night of the Zombies
It is the stupid people versus the zombies,
and the undead are winning.

Ich habe ein Brot angerufen und es war belegt!

Jede einzelne Sache auf der Erde ist ein oder ist kein Salamander.

Kein Salz
ist auch keine
Lösung.

SOMETHING IS WEIRD
IN THE MAGICAL FOREST.

Meet you in Malkovich in one hour.

PIZZA

SUICIDE

CLUB

INTENSITY INTESIFIES

Wenn die Schweiz Kongo wäre

PSYCHOPHYSIK

Please pray for me.

Sind Sie sicher, dass Sie die Erhaltung des Menschengeschlechts, wenn Sie und alle Ihre Bekannten nicht mehr sind, wirklich interessiert?

A small group of
military officers
and scientists
dwell in an
underground
bunker
as the world
above is
overrun by
zombies.

Ein Lichtjahr ist die Strecke, die eine elektromagnetische Welle wie das Licht in einem julianischen Jahr im Vakuum zurücklegt. Das sind 9,461 Billionen Kilometer (9,461 · 1012 km).

Typisch Deutsch ist Fleisch mit Sosse.

ONLY THE STRONGEST SURVIVE

Handwerkliches
ist
nicht
so
mein
Ding

Entfernt. Bitte lenken Sie nicht vom Artikelthema ab.
Die Redaktion/fk

Entfernt. Bitte verzichten Sie auf pietätlose Provokationen. Die Redaktion/dj

Cheney:
“I believe [the rectal feeding] was done for medical reasons.”

Kim Kardashian's Followers Reportedly Dropped Like Flies After Cellulite Photos

Work hard, kuschel soft!

NOTHING FOR US
WITHOUT US.

EGO GENERATION

im 17 years old and I like this song
im 15 years old and I like this song
im 12 years old and I like this song
im 10 years old and I like this song
im 7 years old and I like this song
im 5 years old and I like this song
im 2 years old and I like this song
im a 1 year old baby and I like this song
im a newborn and I like this song
im a fetus and I like this song
im an embryo and I like this song
im a sperm in my dad's balls and I like this song

TOUCH ME
I'M SICK

Bio-frutti für Mutti

Der
Sommer
naht,
kauft
Draht!

Bad Taste

Vomit eating aliens invade Earth seeking to turn humans into intergalactic fast food.

WE'VE SEEN
THIS BEFORE
NEVER AGAIN.

Micro-
sklaven

Food.
Health.
Hope.

Man hat dem Schamlosen angespuckt,
er sagte – es regnet.

FIST, TEETH, MONEY.

very complicated
very strange
but very understandable...

30% der Todesopfer bei Flugzeugunglücken haben zwar den Aufprall überlebt, danach aber falsch reagiert. Das Überleben fängt schon mit der Vorbereitung an: Tragen Sie an Bord lange Hosen und Oberteile aus schwer entflammbarem Material (z. B. Wolle). Das schützt die Haut bei Feuer. Schick ist egal!
Tragen Sie keine offenen Schuhe oder High Heels! Damit kann man schlecht aus einem brennenden Wrack klettern. Stecken Sie ein Taschentuch ein, mit dem Sie den Mund bei Rauchentwicklung bedecken können.

EIN KRÜMEL IST AUCH BROT

Chuck Norris klebt Tische unter Kaugummi.

Chuck Norris kann im Stehen sitzen.

EDIT WAR AUF WIKIPEDIA

GEIL GEIL GEIL
ARTE IST SO COOL

DON' T HALF-ASS ANYTHING

whatever you do,
always use
your full ass.

Buddy Rich Impossible Drum Solo *HQ»

The change in Widnau.

FUCK
THE
SYSTSEM

PUNK
IS
DAD

I'm
flirting
with
burnout
too

No, Thursday's out.
How about never -
is never good for you?

THE
END
IS
NEAR

This is so deep!

I talk
to you
in my head
all the time.

SCHEISS BILD
SCHEISS TON
SCHEISS ENGLISCH
SCHEISSVIEL WERBUNGEN
SCHEISS ARSCHLOCH!

OHNE

KIRCHE KEINE

HÖLLE

One day,
you will be kicked out
of the land of milk and honey

Brechstangen sind aus Diebstahl gemacht.

Wohlstand
für
Aale

EIN
EINZELNER
ARMREIF
KLAPPERT
NICHT.

Ich bin sehr am channeln interessiert,
weiss aber überhaupt nicht, wie das funktionieren soll!

Er spielte Free Jazz;
sie riefen «Hau ab!»

DON'T DIE

Did time traveller film 1995 Mike Tyson fight on a smartphone?

Footage has emerged showing what appears to be a smart phone being used to film a Mike Tyson fight in 1995 – five years before the first camera phone was sold.

The clip has led to speculation among conspiracy theorists that time travel may actually be possible and that it's already been used in the future.

Tyson was fighting with Peter McNeeley in Las Vegas when the time traveller (or alien on holiday) was inadvertently filmed in the background.

UFO spotter Scott C Waring explained: 'What we have here is a time traveler coming back to watch their favorite fighter and sitting in the front row seats.

'Back in 1995 they did have phones, but they didn't yet have cameras on them. Why wouldn't a time traveler want to see Mike Tyson fight?' Why not indeed.

CRAZY
IS THE
NEW
NORMAL

Insgesamt haben auf der Erde seit dem Jahr 50.000 v. Chr geschätzt 108 Milliarden Menschen gelebt.

AUF DEM MARKT
HILFT KEIN WEINEN.

Es ginge schon,
aber's geht nicht.

E*S*K*A*L*I*E*R*E*N !

Ihr gebt mir zwei Minuten.
Wenn ihr dann nichts von mir gehört habt,
ist es sicher und ihr könnt nachkommen.

IT'S BETTER TO BE ALONE SOMETIMES.

Tuttifrutti
Golf
GTI
inside
Chocolatecake.

SUBLIMINIAL SEDUCTION

Spenden ist mega easy! Lets go.

NORMOPATHEN

Antivilla

Kotze als Kleidung
Es gibt ein Kleidungsstück das als «Kotze» bezeichnet wird. Es ist ein Überwurf ohne Ärmel und ähnelt dem südamerikanischen Poncho (bekannt aus diversen Western).

INGROUP OUTGROUP

Meine Finger sind wie kleine 3D-Drucker, die meine Fingernägel ganz langsam ausdrucken.

Zwei Männer begegnen sich. Sagt der eine zum anderen:
«Entschuldigung, Sie haben eine Banane im Ohr.»
Sagt der andere: «Ich kann Sie nicht verstehen,
ich habe eine Gurke im Ohr.»

Wer beim Metzger klingelt muss sich nicht wundern, warum kein Schwein aufmacht.

DEIN GROSSER PUDDING
VON EINEM SOHN
MUSS NICHT MEHR
GEMÄSTET WERDEN,
DURSLEY,
KEINE PANIK.

Im Paradies werden mehr Verbote sein als in der Hölle.

Singapur / Papua-Neuguinea
Papua-Neuguinea–Naturparadies hautnah
Reise Nr. 69565
14 Tage
Übernachtung in Mittelklasse-/Komfort-Hotels
Unberührte Naturparadiese und archaische Kulturen
Reisethemen: Gruppenreisen, Kombinationsreisen, Kunst-/Kulturreisen, Naturreisen, Studienreisen, Erlebnisreisen

ab 9.495 pro Person

Bugs Bunny: No more classes, no more books, no more teachers, dirty looks!

Hotel-Kinder überlebten Lawinendrama mit Nutella

Hänsel und Gretel sind die Kinder eines armen Holzfällers, der mit seiner Frau im Wald lebt. Als die Not zu gross wird, überredet sie ihren Mann, die beiden Kinder im Wald auszusetzen. Der Holzfäller führt die beiden am nächsten Tag in den Wald. Doch Hänsel hat die Eltern belauscht und legt eine Spur aus kleinen weissen Steinen, anhand derer die Kinder zurückfinden. So kommt es, dass der Plan der Mutter scheitert. Doch der zweite Versuch, die Kinder auszusetzen, gelingt: Dieses Mal haben Hänsel und Gretel nur eine Scheibe Brot dabei, die Hänsel zerbröckelt, um eine Spur zu legen. Die wird jedoch von Vögeln aufgepickt. Dadurch finden die Kinder nicht mehr nach Hause und verirren sich. Am dritten Tag finden die beiden ein Häuschen, das ganz aus Brot, Kuchen und Zucker hergestellt ist. Zunächst brechen sie Teile des Hauses ab, um ihren Hunger zu stillen. In diesem Haus lebt jedoch eine Hexe, die eine Menschenfresserin ist. Sowohl in der Urfassung der Märchen von 1812 als auch in den späteren Ausgaben bis zur «Ausgabe letzter Hand» von 1857 ruft sie in einer Art von Lautmalerei: «Knuper, knuper, kneischen, wer knupert an meinem Häuschen?»

ja, ist so:
Fischfang ab halb zwei

EVERY WHERE BUT THE ELECTRIC CHAIR

All Families Are Psychotic

STAFF ONLY

Scientology.

Michael Jackson.

The folly of man.

BILLY
Bücherregal
CHF 49.95
Breite: 80cm
Tiefe: 28cm
Höhe: 202cm
max. Belastung/Regalboden: 30kg

FUCK

YOUR

MORAL

poor
ugly
happy

NOT ALL ART
WILL GO DOWN IN HISTORY.

Cheney:
"All of the techniques that were authorized by the president were in effect blessed by the Justice Department opinion that we could go forward with those [EITs] without in fact committing torture."

Cheney:
"It [rectal feeding] wasn't torture because it wasn't part of the program."

Der 01.01.3000 ist ein Mittwoch.

Das Schwimmbecken auf der Titanic ist immer noch voll.

ULLMAN (CONT'D)
... the winters can be fantastically cruel, and the basic idea is to... to cope with the very costly damage and depreciation which can occur. And this consists mainly of running the boiler, heating different parts of the hotel on a daily rotating basis, repairing damage as it occurs and doing repairs, so that the elements can't get a foothold.

JACK (CONT'D)
five months of peace is just what I want.

MISSION VS. MATERIAL

... everybody on Earth is feeling the same way as you.

ALSO ICH HATTE LETZTENS AUCH MAL EINEN SEHR KOMISCHEN TRAUM:

Also im Traum hab ich eine SMS an Benjamin Blum vom Gamepro-Team geschickt, und ihn darin gefragt ob er zu mir zum zocken kommen will. Dann ist er halt gekommen und wir haben dann Pro Evolution Soccer 4 auf der Xbox gezockt. Benjamin hat gewonnen. Dann haben wir glaube ich noch ein paar Spiele gespielt, und nach einer weile ist er dann wieder gegangen...
Oh man, von was man alles träumt, das ist schon komisch...

Hallo, Ihr Lieben!

Ich bin neu hier in dem Forum und möchte gleich mal was zum Thema Channeling beitragen.
Ich selbst channle für mich selbst schon seit vielen Jahren und ich würde sagen, es war bisher ein sehr guter Prozess. Meine Durchgaben waren von Anfang an recht klar... und das Channeln wurde (bei mir) immer mehr zu einem Inhalt. Heute geht alles recht schnell oder einfach und ich erhalte sehr gute Botschaften bzw. Kontakte zu hohen Wesen. Ganz wichtig dabei ist die Fähigkeit in die Ruhe zu kommen, loszulassen, sich einzulassen. Meiner Ansicht nach kann das jeder... man muss aber auch Geduld haben–das ist ein sehr wichtiger Aspekt und man sollte genau nachprüfen, ob man wirklich dafür bereit ist.

Lucina67

White supremacist
yells into the camera
and Shia LaBeouf shuts him down.
This has been a very interesting live stream.

DO NOT

TAKE MY

FUCKING

CHARGER

Kotzen vor Freude

PIZZA
NOT
PATRIARCHY

PIZZA ROLLS
NOT
GENDER ROLES

«Sie haben Krebs, und Sie haben Alzheimer.»
«Na Gott sei dank kein Krebs.»

Vater und Sohn sitzen mit kurzen Hosen auf einer Bank. Da sagt der Sohn: Papa, deine Beine sind aber viel schmutziger als meine! Da antwortet der Vater: Ich bin ja auch viel älter als du!

DER MAMMON UND SEIN SKLAVE

Þá mér klær, þarf ég að klóra mér.
Translation:
When I itch, I must scratch.

Do Nothing Club

ICH HASSE DIESES INTERNET

Ich weiss nicht ob ihr das Thema schon hattet, aber ich mache den Thread jetzt halt einfach mal auf. Warum ich den hierhin getan hab? Tja weil mittlerweile viele Wissenschaftler der Ansicht sind oder vermuten das es die Matrix gibt. Nur eine unglaubliche Verkettung von Zufällen in der Entstehungsphase unseres Weltalls konnte dieses Szenario erzeugen – oder war es gar kein Zufall? War es gewollt, im Rahmen einer universellen Simulation? Und wenn es diese Simulation gibt, wie viele gibt es dann noch neben der unseren?

Hallo erstmal
Ich habe ein kleines Problem. Bzw möchte fragen ob es bei euch auch so ist.. Wenn ich abends im Bett liege, dann kommt es mir so vor als wenn alles um mich herum grösser wird und näher ran kommt. Ausserdem träume ich von (ich weiss nicht genau was es war aber irgendwelche weisse klitzekleine Kügelchen oder Bausteine) Naja aufjedenfall stressen diese mich total und ich wache auch öfters deswegen tränenüberströmt auf.. zB ich muss irgendwas machen wie in die Schule gehen.. Um das zu tun muss ich diese kleinen Kugeln/Bausteine an die andere Seite bringen die endlos aber sichtbar weit entfernt ist.. Es ist eine Aufgabe die ich irgendwie nicht bewältigen kann..

Mich macht dieser Traum oft fertig..

Chuck Norris kann unter Wasser grillen.

BUMMS,
AUS,
NIKOLAUS

Chuck Norris hielt die Hand seier Grossmutter bei der Geburt seines Vaters.

PAIN
IS NOT A
LIFESTYLE

Ordnung draussen
Ordnung drinn

502 BAD GATEWAY

I'm Bored!
I'm bored!
Your boring!
I'm almost skin and bone!
I'm going back to dead!

WTC 1:
Getroffen um 8:46:30 Uhr
Eingestürzt nach 102 Minuten

WTC 2:
Getroffen um 9:02:59 Uhr
Eingestürzt nach 56 Minuten

OUT
OF
THE
BLUE

Man in homemade tank destroys small town,
helpless police have no way to stop him

Michelle:
Hi I'm Michelle Obama

Melania:
Hi I'm Michelle Obama

Melania:
Is there an echo in here?

Michelle:
Is there an echo in here?

ABER NICHT,
IN DIESEM TON,
FREUNDCHEN!

Du musst aufessen deinen Teller
weil in Afrika sterben Kinder.

Give your child an advantage for life.

Wenn zwei Leute auf der jeweils anderen Seite der Erde zeitgleich ein Toastbrot auf die gebutterte Seite fallen lassen, dann wäre die Erde ein riesiges Sandwich.

Wenn man mit den Füssen zuerst geboren wirst, dann trägst man seine Mutter für einen kurzen Moment als Hut.

Die Favelas von St. Gallen

DER TIEFE FALL DER AYURVEDA-KLINIK

Bad Channels
Fungus aliens take over a radio station to collect women.

Cannibal Women in the Avocado Jungle of Death
Savage feminists eat men with gaucamolle dip.

Babes in Toyland
Drew Barrymore and Keanu Reeves must save Toyland from evil Christmas Trees.

The Atomic Brain
Brain transplants galore, including swapping them between a cat and a woman.

Veröffentlicht am 28.06.2013

WARNING:

This video has been identified by Epilepsy
Action to potentially trigger seizures for people with
photosensitive epilepsy. Viewer discretion is advised

NO
MONET

$$$

NO
WHERE
to
GOGH

Bärtierchen
weisen
den
Weg
in
die
Unsterblichkeit.

Nikki Minaj's
646-533-0341

Patient: Herr Doktor, ich bin so vergesslich geworden.

Doktor: Ok, verstehe.

Was verstehen Sie?

WARNING - GRAPHIC VIDEO
VIDEOS THAT CONTAIN GRAPHIC
CONTENT CAN SHOCK ,
OFFEND AND UPSET .
ARE YOU SURE
YOU WANT TO SEE THIS ?

Frau: Ich habe Morgen ein Arzttermin, aber möchte nicht hin.

Mann: Ruf doch einfach an und sag du bist krank.

Lehrerin: Tut mir leid Peter aber
mehr als eine 5 Minus kann
ich dir im Fach Französisch nicht geben.

Peter: Gracias

Herr Doktor ich komm mir so unglaublich überflüssig vor.

Doktor: Der Nächste bitte!

BIG Hüpfburg Arche Noah mit Kugelbad
Masse: ca. 7 × 3,5 × 4m (mit Regendach) Zugelasssen für maximum 15 Kinder (3–15 Jahre) Besonderheiten Unsere Arche ist in zwei Bereiche unterteilt. Im ersten Teil können [...]

«Wie geht es dir?»
«Super! Und selbst?»
«Auch total gut.»
«Toll! Ja, dann... Bis bald!»
«Bis bald!»

Könnten andere Personen in Traum mitträumende sein?

Wenn man in Traum andere Leute sieht, kann es Möglich sein das es Mitträumende sind, die in dem Moment auch gerade irgendwo schlafen? Begegnet man vielleicht auch Leute die in einen Paralleluniversum gerade irgendwo schlafen?
Wenn man in Traum z.B. die eigene Freundin sieht, während die RL Freundin gerade irgendwas anderes träumt, das die Freundin in Traum gerade in einen Paralleluniversum irgendwo schläft und man ist ihr im Traum begegnet.

Auf einer Bank sassen drei Männer.
Alle drei hiessen Josef,
bis auf Karl,
der hiess Peter.

Drei Männer trafen sich.
Alle drei hiessen Emil,
bis auf Karl,
der hiess Otto.

AIDS IS HERE

Hallo. ich habe eine Frage bezüglich der Rolle Gottes im Existentialismus. Wir haben ja geklärt, dass der Mensch, in der Sicht eines Existentialisten, in keiner Hierarchie eingeordnet ist (Gott steht nicht über dem Menschen). Wie kann es dann aber sein, dass Gott überhaupt als eine Gottheit wahrgenommen wird?; Und wie kann es sein, dass Er [Gott] nach beginnen seiner Existenz durch Lobpreisungen des Menschen dann aber doch klar über unser Dasein/Wesen/Essenz geordnet wird ? Durch Lobpreisungen einer Gottheit stellt sich der Existentialist ja sehr wohl aus eigenem Handeln heraus in eine Hierarchie.. ich hoffe Sie verstehen meine Fragen und haben eine passende Antwort darauf.

mfG Marvin

Bass!
S. C. O. O. T. E. R. infect ya!
S. C. O. O. T. E. R. infect ya!
S. C. O. O. T. E. R. infect ya!
S. C. O. O. T. E. R. infect ya!
S. C. O. O. T. E. R. infect ya!
S. C. O. O. T. E. R. infect ya!
S. C. O. O. T. E. R. infect ya!
S. C. O. O. T. E. R. infect ya!
Yeah!

FOMO
fear of missing out

Zwei Blondinen unter der Dusche:
«Gib mir mal dein Shampoo, bitte!»
«Ja aber du hast doch eines gleich neben dir.»
«Ja, ich weiß. Aber hier steht für trockenes Haar und meine sind doch nass.»

Jedes Raubtier isst Vegetarier!

«Chuck it
in the «fuck it»
bucket and move on.»

I'
m
a
jew
how
'bout
u?

Am Wochenende bin ich ein Mofa.
Halb Mensch, halb Sofa.

Im Wonnemonat Mai, da brat' ich mir ein Ei!

FROM BIG BANG TO BIG MAC

Berming Security Fencing Co.
is a leading Chinese factory exporting quality-focused security fences and accessories for world customers.
Berming began in 2004, had quickly established a reputation as a market leader in providing full security fencing system solutions from fence panels, security toppings to various accessories.
Major Mesh Fencing Fabrics or panels for security fences: Chain link, welded mesh, 358 mesh, woven wire mesh, expanded metal and more.
Toppings for security fencing are usually wall spikes, barbed wire, razor wire or concertina wire coils.
Our security fencing includes various combination of different fence panels with various toppings.
We are always eager to provide you with our best quotations.

PLANET
EARTH
IS BLUE
AND THERE'S
NOTHING I
CAN DO

Solange man nicht kotzen muss, wenn der Partner zur Tür hereinkommt, sollte man sich nicht scheiden lassen.

Zickezacke, Hühnerkacke, hoi, hoi, hoi!

Impressum / Imprint

Konzept / Concept: Beni Bischof
Gestaltung / Design: Samuel Bänziger
Verlag / Publisher: Edition Patrick Frey
Druck und Verarbeitung /
Printing and binding: Druckhaus Nomos
Papier / Paper: Pamo Super 60gm²
Umschlag / Cover: Peydur
Schrift / Font: DTL Elzevir
Auflage / Number of Copies: 500

Vertrieb / Distribution:

Switzerland:
AVA Verlagsauslieferung, CH –
Affoltern am Albis
ava.ch

Germany, Austria:
GVA Gemeinsame
Verlagsauslieferung, D – Göttingen
gva-verlage.de

France, Luxembourg, Belgium:
Les presses du réel, F – Dijon
lespressesdureel.com

United Kingdom:
Antenne Books, GB – London
antennebooks.com

Japan:
Twelvebooks, JP – Tokyo
twelve-books.com

USA:
RAM publications + distribution,
USA – Santa Monica
rampub.com

Australia, New Zealand:
Perimeter Distribution, AU – Melbourne
perimeterdistribution.com

Rest of the world:
Edition Patrick Frey, CH – Zürich
editionpatrickfrey.com

Edition Patrick Frey

Edition Patrick Frey
Limmatstrasse 268
CH-8005 Zürich
www.editionpatrickfrey.com

Erste Ausgabe / First Edition
ISBN 978-3-906803-67-8

Dank / Acknowledgements: Samuel Bänziger,
Patrick Frey, Andrea Kempter, Gloria Wismer.